EDELVAN JOSÉ DOS SANTOS

ORAÇÕES DE INTERCESSÃO

PELO FIM DA PANDEMIA

EDITORA SANTUÁRIO

DIREÇÃO EDITORIAL: Pe. Fábio Evaristo R. Silva, C.Ss.R.
COORDENAÇÃO EDITORIAL: Ana Lúcia de Castro Leite
DIAGRAMAÇÃO: Mauricio Pereira

ISBN 978-65-5527-031-0

1ª impressão

Rua Pe. Claro Monteiro, 342 – 12570-000 – Aparecida-SP
Tel.: 12 3104-2000 – Televendas: 0800 - 0 16 00 04
www.editorasantuario.com.br
vendas@editorasantuario.com.br

PREFÁCIO

A pandemia de coronavírus, enfrentada pelo mundo, exige dos cristãos acompanharem Jesus na estrada da esperança rumo à Vida. Somos chamados a viver um tempo de preparação para os desafios impostos pela doença, na certeza de que Deus não nos abandona. Ele está vivo e reina no meio de nós.

Este livro é um convite a você, a sua família e a sua comunidade a entrarem em sintonia espiritual e juntos, unidos pela fé, orarmos em intenção comum pelo fim da pandemia, pela recuperação dos doentes, pelos médicos e enfermeiros cuidadores dos enfermos, pelos que estão recolhidos em seus lares, enfim, pelas autoridades encarregadas de criar medidas e ações de contenção da pandemia.

Cada um, em casa com sua família, reze com fervor as orações deste livro, como comunidade dos fiéis seguidores de Cristo, Consolador e Salvador da humanidade.

O autor

Ambientação: acenda velas, silencie os celulares, busque a conexão consigo mesmo/a e com Deus, com sua família, com as pessoas orantes pelo país e pelo mundo. É um momento de sentir a presença do Cristo dentro de cada um!

Preparação: antes de iniciar as Orações de Intercessão, escolhidas para meditar neste dia, peça o perdão divino das transgressões do passado e da omissão, diante das injustiças, rezando a *Oração de Purificação* (p. 7). Ao finalizar as orações deste dia, reze a *Oração de Agradecimento* (p. 9).

Recordação: traga à lembrança as pessoas enfermas de seu convívio; recorde as notícias do sofrimento vivido pelos enfermos da pandemia. Perceba seus sentimentos e peça a Luz do Espírito Santo para fortalecer sua alma e acalmar seus pensamentos. Ouça a voz de Deus em seu coração. Se estiver com sua família, vocês podem fazer um breve momento de partilha desses sentimentos e pensamentos.

ORAÇÃO DE PURIFICAÇÃO

(Para antes de rezar)

Senhor, neste tempo de pandemia, ficai conosco! Obrigado por mais um dia de vida; pedimos a graça da verdadeira conversão e purificação. Cristo, que, neste momento de aflição social, possamos superar nossa deficiência espiritual com a união fraterna.

Pai, libertai-nos dos vícios, a fim de obtermos uma vida mais santa. Cremos em vosso poder, capaz de operar maravilhas e de exterminar essa pandemia. Produzi em nós frutos bons pela caridade e pelo amor; abri nosso coração para sermos sensíveis à dor alheia.

Precisamos de vosso auxílio, Senhor, e de vossa presença nos momentos de tribulação; fortalecei-nos e orientai nossos passos ao crescimento da fé.

Ficai conosco, Senhor. Queremos viver de acordo com vossa vontade e suplicamos a misericórdia infinita. Abençoai nossa vida, derramai graças sobre nossos familiares e sobre todo o mundo.

Obrigado, Jesus, pela chance do recomeço; dai-nos a virtude de vivermos o bem e repudiar o mal, e contemplarmos vossa face amável, meu Rei e meu Senhor. Amém!

ORAÇÃO DE AGRADECIMENTO

(Ao final da oração)

Obrigado, Senhor Jesus, por vossa misericórdia.

Obrigado, Espírito Santo, por guiar-nos com vossa Luz, dando tranquilidade de dias melhores.

Obrigado, Deus Pai, por dar forças e ânimo aos profissionais de saúde para lutar pela vida de tantos agonizantes.

Obrigado, Cristo Ressuscitado, por conceder a esperança, em meio às adversidades da vida.

Obrigado, Pai Onipotente, por vossa companhia nos momentos difíceis e por confortar-nos nas circunstâncias impossíveis de serem resolvidas.

Enfim, obrigado, Deus Trino, pelo amparo incessante e pelas bênçãos derramadas em nosso viver.

Amém!

SÚPLICA A NOSSA SENHORA DO PERPÉTUO SOCORRO

Ó Mãe do Perpétuo Socorro, cheios de confiança, recorremos a tua intercessão maternal, neste momento difícil. Sabemos como teu coração sofreu ao ver a agonia de Jesus Cristo, teu filho e nosso irmão, mas, de grandiosa alegria tua alma se encheu, quando Ele ressuscitou dos mortos, com vitória inefável sobre o mal.

Ó Maria das Dores, Mãe do Eterno Socorro, roga por nós, teus filhos, neste tempo de provação, e ajuda-nos a jamais desanimar. Pedimos-te, ó Mãe, ampara as pessoas com coronavírus, fortalece aquelas vulneráveis e isoladas nos leitos dos hospitais, ansiosas pelo fim do sofrimento.

Protege também os profissionais de saúde, discípulos de Cristo, que colocam suas vidas em risco. Suscita em nossos governantes o desejo de tomar boas decisões para controlar essa pandemia. Orienta nossos corações para agirmos com responsabilidade, protegendo-nos e protegendo quem tanto amamos ou sequer conhecemos.

Ensina a cada filho teu a confiar plenamente em Deus Pai, como tu confiaste, naquele dia, da aparição do Anjo Gabriel. Sê, Senhora do Perpétuo Socorro, nosso eterno amor, e Jesus Salvador, nossa eterna misericórdia. Amém!

ORAÇÃO A JESUS MISERICORDIOSO, MÉDICO DOS MÉDICOS

Ó Jesus, o medo nos aprisiona, neste tempo de pandemia. Cremos na força da oração, por isso suplicamos ao Senhor, vinde em nosso socorro, vós, que curastes com amor os doentes e endemoniados. Ó Médico dos médicos, nunca deixastes desamparados vossos filhos pecadores; libertai-nos do mal do coronavírus e reconfortai os infectados pela doença.

Amparai a alma de tantas vítimas desse vírus; dai consolo às famílias sofredoras, pela morte de seus entes queridos, e libertai da angústia aquelas pessoas que se encontram relacionadas aos casos suspeitos.

Concedei-nos a sabedoria de vosso Espírito Santo para cumprirmos as orientações indispensáveis para o controle da doença. Senhor Jesus, nós vos suplicamos que nunca faltem-nos a esperança, a fé e o entendimento para lutarmos contra esse vírus, que resiste em crescer dia após dia. Convosco podemos vencer o maligno.

Conduzi os pensamentos dos cientistas, para descobrirem a vacina contra o coronavírus, e protegei os médicos e enfermeiros, que lutam para socorrer aqueles em risco de morrer. Dai-nos vossa Paz, neste templo conflituoso, para mantermos a serenidade.

Ó Cristo Ressuscitado, no clamor do mundo por vossa infinita misericórdia, nós nos refugiamos em vosso Sagrado Coração. Derramai vosso Sangue purificador da mancha do pecado. Amém!

SALMO 91 (90)

Quem habita sob a proteção do Altíssimo e repousa à sombra do Onipotente diga a Javé: "Meu refúgio, minha fortaleza, meu Deus, em quem confio". Ele te livrará do laço do caçador, da peste destruidora; ele te cobrirá com suas penas, sob suas asas encontrarás refúgio. Escudo e couraça é sua fidelidade. Não temerás os terrores da noite nem a flecha que voa de dia, nem a peste que vaga nas trevas, nem a epidemia que devasta ao meio-dia. Caiam mil ao teu lado e dez mil a tua direita; tu não serás atingido. Basta que observes com teus olhos, verás o castigo dos ímpios. "Pois vós sois meu refúgio, ó Javé." Fizeste do Altíssimo tua morada. Nenhum mal te sucederá, nenhuma praga chegará a tua tenda. Pois ele dará ordem a seus anjos para te guardarem em todos os teus passos. Em suas mãos te levarão para que teu pé não tropece em alguma pedra. Caminharás sobre a áspide e a víbora, pisarás sobre o leãozinho e o dragão. "Eu o salvarei, porque ele me ama; eu o exaltarei, porque conhece o meu nome. Ele me invocará e lhe darei resposta; perto dele estarei em sua angústia, vou salvá-lo e torná-lo glorioso. Com longos dias o saciarei e lhe mostrarei minha salvação."

ORAÇÃO DAS MÃOS ENSANGUENTADAS PELO FIM DA PANDEMIA

Ó Cristo, diante de vossa presença real, venho suplicar vossa infinita misericórdia. Sem vosso consolo, o mundo se encontra sem forças para vencer essa pandemia.

Tocai com vossas Santíssimas Mãos chagadas sobre mim, sobre minha família e sobre todo o mundo. Vós suportastes a mais terrível dor por nossos pecados e nunca nos abandonastes. Por isso vos pedimos: Senhor, concedei a recuperação da saúde dos doentes, vítimas de coronavírus. Com vossas Prodigiosas Mãos Ensanguentadas, reanimai e curai todos os enfermos angustiados, nas filas dos hospitais e em seus leitos.

Apesar de nossa pequenez, reconhecemos o poder de vossas Mãos Piedosas e sabemos que vós realizareis o impossível no íntimo de cada coração contrito. Com total confiança, clamamos: "Mãos ensanguentadas de Jesus, Mãos feridas lá na cruz! Vêm tocar em mim. Vem, Senhor Jesus!". Amém.

ORAÇÃO À VIRGEM MARIA CONTRA PESTES E EPIDEMIAS

(Oração contra as pestes e a cólera rezada na Europa e no Brasil, até o século XVIII)

Arca Santa e Imaculada, tão pura e cheia de graça, sede nossa salvação neste perigo de desgraças.

Sendo a Mãe do Deus humanado, que por nós expirou na Cruz, que pedirás, ó Senhora, que vos negue o bom Jesus?

Advogada celeste, desta pobre humanidade, perdão, Senhora, alcançai-nos da Divina Majestade.

Dissipai a cruel peste, Poderosa Intercessora, como a cabeça esmagastes, da serpente enganadora.

A natureza, Senhora, ao vosso Filho obedece, e o vosso Filho que a rege não resiste a vossa prece.

Assim seja. Amém!

ORAÇÃO DO ESCUDO DO SAGRADO CORAÇÃO DE JESUS

(Oração do século XVIII contra as pandemias)

Alto! Detenha-se, demônio.

Detenha-se toda maldade, todo perigo, todo desastre.

Detenham-se todos os assaltos, todas as balas de bandidos, todas as tentações.

Detenha-se todo inimigo, toda enfermidade, e detenham-se nossas paixões desordenadas, pois o Sagrado Coração de Jesus está comigo!

Alto! O coração de Jesus está comigo. Venha a nós o vosso Reino.

Alto! O coração de Jesus está comigo. Venha a nós o vosso Reino.

Alto! O coração de Jesus está comigo. Venha a nós o vosso Reino.

Amém!

ORAÇÃO MARIA PASSA À FRENTE NO TEMPO DE PANDEMIA

Maria, passa à frente da minha vida e da vida de meus amigos e familiares!

Maria, passa à frente do trabalho dos profissionais de saúde!

Maria, passa à frente das medidas de contenção da pandemia!

Maria, passa à frente das ações governamentais para ajudar os mais necessitados!

Maria, passa à frente da recuperação das vítimas da pandemia, nos leitos dos hospitais!

Maria, passa à frente da descoberta da vacina contra o coronavírus!

Maria, passa à frente da proteção de nossos idosos e das pessoas com doenças crônicas e cardiovasculares!

Maria, passa à frente da prosperidade, pela união das nações e solidariedade entre os povos!

Maria, passa à frente do extermínio desse vírus mortal!

A Mãe indo à frente, estamos todos protegidos deste perigo e podemos seguir confiantes.

Maria, pedimos, passa a nossa frente e concede a cura do coronavírus, pois tu tens poder para isso, com a força do Altíssimo. Ó Mãe, acalma os corações afligidos por essa doença e liberta teus filhos da morte. Assim seja. Amém!

PODEROSA ORAÇÃO ALMA DE CRISTO

(Santo Inácio de Loyola)

Alma de Cristo, santificai-me.
Corpo de Cristo, salvai-me.
Sangue de Cristo, inebriai-me.
Água do lado de Cristo, lavai-me.
Paixão de Cristo, confortai-me.
Ó bom Jesus, ouvi-me.
Dentro de vossas chagas, escondei-me.
Não permitais que eu me separe de vós.
Do inimigo maligno, defendei-me.
Na hora da minha morte, chamai-me.
Mandai-me ir para vós,
para que vos louve com vossos Santos,
pelos séculos dos séculos. Amém!

ORAÇÃO DE LIBERTAÇÃO CONTRA A PANDEMIA DE CORONAVÍRUS

Ó Mestre, Cristo Rei, elevamos aos céus nosso clamor para que protejais nossas famílias do mal da covid-19 e impeçais a propagação maior desse vírus. Vós sois poderoso e temos ciência de vossa infinita misericórdia. Libertai-me e a minha família do contágio, Senhor!

Deus Onipotente, em nossos pensamentos, recordamos daqueles que vivem em locais de perigo de infecção e muitos isolados, devido a seu trabalho de alto risco. Que os enfermos sintam vossa presença reconfortadora nos momentos de isolamento, sintam vossa Paz no tumulto dos hospitais e vossa paciência na espera do atendimento digno. Libertai nossos irmãos desse sofrimento, Senhor!

Cristo, Príncipe da Paz, rezamos por aqueles, que, neste momento, perdem seus entes queridos e desesperam-se pela morte de seus familiares. Que eles encontrem vossa consolação pela dor angustiante, vosso alívio nessa perda e vossa esperança no desespero. Suplicamos também pelos mais vulneráveis a essa pandemia, assustados e confinados em seus lares (pense nos idosos, pessoas com doenças crônicas e cardiovasculares). Libertai os grupos de risco, Senhor!

Confiantes em vosso poderoso livramento, diante de tão horrível perigo de contaminação e de morte, livrai-nos, ó Deus Pai. Em vós esperamos a libertação de nossas almas de quaisquer males e perigos para sempre. Amém!

SÚPLICA DA MISERICÓRDIA CONTRA A PANDEMIA

Piedade de mim, ó Deus, tende piedade, pois em vós me refugio; abrigo-me à sombra de vossas asas até que passe a calamidade. Invocarei o Deus Altíssimo, Deus que me faz o bem. *(Sl 57,2-3)*

Venha depressa a nosso encontro vossa misericórdia, porque estamos reduzidos à miséria extrema. Ajudai-nos, ó Deus, nosso salvador, pela glória de vosso nome. *(Sl 79,8-9)*

É Ele que nos libertou daquela morte e nos libertará, pela esperança que nele colocamos, de que nos tirará ainda dela. *(2Cor 1,10)*

Ah! Senhor Deus, vós fizestes o céu e a terra com grande poder e com braço forte; nada vos é impossível. Vós usais de misericórdia para com mil gerações. *(Jr 32,17-18)*

Deus é nosso amparo e fortaleza, auxílio sempre pronto na angústia. Por isso não tememos se a terra é transtornada, se os montes desmoronam no fundo do mar. *(Sl 46,2-3)*

O Senhor me libertará de todo mal e me salvará, levando-me para seu reino celeste. A Ele a glória nos séculos dos séculos! Amém. *(2Tm 4,18)*

ORAÇÃO DIANTE DO DIAGNÓSTICO DE CORONAVÍRUS

Senhor Jesus, sinto meu coração estremecido, estou diagnosticado com o coronavírus. Difícil aceitar essa realidade, pelo sofrimento revelado no olhar de meus familiares. Confesso que o medo sufoca meu peito, o desânimo tenta tirar minhas forças, mas volto meu olhar para vossa face compassiva, enquanto relembro o caminho percorrido por vós no Calvário. Reacendei a esperança dentro de mim.

Amantíssimo Jesus, sei o quanto quereis meu bem, mas aceitastes eu passar pelo mal da pandemia, pois conheceis meu íntimo e desejais fazer de mim um altar agradável para conversão de muitos corações, que se veem perdidos diante dessa pandemia. Não desistirei de carregar essa cruz pela doença sofrida, mas depositarei minha confiança nos braços do Pai, para que opereis em mim maravilhas.

Ó Senhor, segurai minha mão se no leito do hospital eu estiver; ó Espírito Santo, iluminai meus pensamentos com o dom da Fortaleza, para conservar a força de viver; por fim, suplico vosso poder, Deus Pai, para conceder-me a cura dessa doença.

Assim seja, se for vossa vontade. Amém!

ORAÇÃO PELOS MÉDICOS E ENFERMEIROS

Cristo, vós aceitastes a grande missão, confiada pelo Pai, e sempre auxiliastes aqueles irmãos doentes e perdidos na vida. Solicitastes aos discípulos praticar a caridade pelo mundo em vosso nome. Por isso vos pedimos: protegei os médicos, enfermeiros e todos os demais profissionais de saúde, também chamados a serem vossos discípulos.

Sabemos o quanto eles têm dispensado horas do dia para cuidarem dos enfermos dessa pandemia, além de terem de ficar afastados do seio familiar, pelo medo da propagação do vírus. Pedimos, ó Senhor, fazei companhia no momento de solidão, por estarem longe de seus lares e abençoai a todos eles, que lutam para salvar vidas e confortar os enfermos.

Concedei-lhes forças para superar o cansaço e ter paciência nas adversidades do trabalho. Que sejam instrumentos de vossa presença consoladora e sejam santificados pelo empenho na cura dos doentes, na prevenção das enfermidades e no alívio do sofrimento dos irmãos. Enfim, fortalecei todos os profissionais de saúde, no corpo e na alma, e derramai vossas copiosas bênçãos pelo honroso trabalho que realizam. Amém!

PRECE DO ENFERMO DE CORONAVÍRUS

Meu Deus, neste dia, coloco-me diante de vossa presença, prostrado em oração. Sei que me escutais e conheceis cada filho, que vos suplica. Sei que estou em vossas mãos poderosas e vós estais em meu coração, porque vos louvo e vos amo de todo o coração.

Vós sois minha força inabalável, diante do desespero pelo mal do coronavírus, que tenta tirar minha paz e minhas forças. Pai Onipotente, olhai para meu corpo marcado por essa doença. Compreendeis meu sofrimento para remissão de meus pecados, mas sei que não vos alegrais com as dores de vossos filhos.

Por isso, concedei-me a coragem para vencer esse cansaço e as forças necessárias para reanimar minha esperança de viver. Convertei meu espírito, para eu ser paciente e compreensivo, neste momento de aflição.

Ofereço minha angústia, minhas preocupações e dores para eu ser mais merecedor(a) da salvação, prometida por vosso filho Jesus. Enfim, peço que auxilieis os médicos e enfermeiros para lutarem pela vida de seus pacientes, e, recuperados, possam renascer para uma vida de total serviço aos irmãos necessitados de amor. Amém!

ORAÇÃO PELOS FALECIDOS DE CORONAVÍRUS

Senhor, que concedeis o perdão aos pecados e quereis salvar os homens e as mulheres de corações redimidos, por intercessão de Maria Santíssima e de todos os santos, dai aos que já partiram deste mundo (particularmente, nossos familiares, conhecidos e amigos), vítimas de coronavírus, a alegria do descanso eterno.

Ó Cristo Ressuscitado, premiais esses filhos com a felicidade, a luz e a paz celestes. Que essas pessoas (pense nos entes queridos e reze também por todos os falecidos pelo coronavírus do Brasil e do mundo) participem do convívio de vossos santos, que suas almas não padeçam no purgatório, por vosso imenso amor.

Por Jesus Cristo, vosso Filho e nosso irmão, na unidade do Espírito Santo. Amém!

ORAÇÃO DE CONSOLO À FAMÍLIA PELA PERDA DO ENTE QUERIDO, VÍTIMA DE CORONAVÍRUS

Meu Deus, somente vós sabeis o quanto eu e minha família estamos sofrendo pela morte do/a (diga o nome da pessoa falecida), vítima da pandemia de coronavírus. Não temos a capacidade de entender essa dor em nossas almas, mas vós podeis prover o conforto e o consolo a cada um de nós.

Nossas lágrimas caem por sentimentos inexplicáveis, porém, nós vos suplicamos, fortalecei nossos corações, neste momento de angústia. Socorrei também cada família que se encontra enlutada.

Abraçai-nos fortemente com vossos braços protetores e aquecei nossa vida com a Luz do

Espírito Santo, para que sintamos a presença real de vosso Amor.

A morte do/a (diga o nome da pessoa falecida) causou imensa tristeza em nossa família, mas entendemos o quanto sofreu pelo mal do coronavírus, e isso conforta nosso coração, pois também sabemos que ele/ela está junto de Cristo e de Maria Santíssima, rogando por nós.

Pai Onipotente, que nosso luto se torne, com o tempo, saudade, pelas boas ações e pelo jeito carinhoso dele(a). Concedei-lhe o descanso eterno e a paz para nosso coração desolado. Assim seja. Amém!

ORAÇÃO PARA PEDIR A ESPERANÇA EM TEMPOS DE PANDEMIA

Senhor Jesus, concedei-me a graça da verdadeira esperança, que não se baseia nas forças limitadas do ser humano, mas no poder majestoso de Deus. Amparai-nos com vossa misericórdia, para não cairmos no desânimo, pela pandemia avassaladora. Não permitais que a batalha do bem seja descontinuada no mundo, ainda que a força do mal tente imperar, dando-nos coragem de lutar pela vida e pelo irmão desfalecido nos hospitais.

Desviai de nosso coração o medo da pandemia. Se fracassarmos na caminhada, dai-nos a capacidade de confiar em vossa Providência, acima de quaisquer adversidades, para reacendermos a fé cristã.

Ó Deus Onipotente, impedi todo desânimo, ainda que o tempo possa desgastar nossas forças. Que nossa esperança seja mais resistente que a rocha, se algum membro de nossa família for acometido pelo coronavírus, confiando no poder transformador de Cristo, que cura toda doença.

Enfim, que saibamos recomeçar cada dia com esperança renovada pelos dons do Espírito Santo e, caminhando com o Pai, sejamos mais fortes contra os males deste mundo e dignos da salvação de Cristo. Amém!

ORAÇÃO A SÃO BENTO PELO FIM DA PANDEMIA

Ó glorioso São Bento, com a Cruz Sagrada de Cristo, sempre intercedes com compaixão pelos necessitados da graça divina. Concede o auxílio necessário para preservar-nos do coronavírus por tua intercessão poderosa.

Que nossos lares sejam protegidos pela força do Altíssimo, reinando a paz e a tranquilidade, diante da pandemia mundial. Afastem-se de mim, de minha família e de todos os filhos de Deus as desgraças advindas dessa doença, tanto corporais quanto espirituais.

Ó poderoso São Bento, dedicaste tua vida a Cristo e aos irmãos, por isso pedimos que rogues pelos profissionais de saúde, que trabalham para salvar vidas nos hospitais, diante das adversidades impostas ao seu trabalho tão valoroso.

Protege nossa sociedade contra o ataque do maligno pela pandemia; livra nossa alma das armadilhas do inimigo e intercede, junto do Pai Onipotente, pelo extermínio do coronavírus da face da terra, com as armas da fé. Que a Cruz de Cristo oriente nossos passos no caminho da Luz e que o império das sombras seja destruído pelo poder do Criador do Universo. Assim seja. Amém!

ORAÇÃO A SANTA RITA DE CÁSSIA

Ó gloriosa Santa Rita de Cássia, advogada dos desesperados, recorremos a tua intercessão neste tempo de pandemia. Ó Santa das causas impossíveis, com toda a confiança em tua eficaz proteção, suplicamos teu auxílio, junto de Deus Pai, neste momento de provação, pelo mal do coronavírus.

Poderosa intercessora, que a desesperança seja aniquilada de nosso coração pela fé inabalável no Sagrado Coração de Jesus, teu esposo amantíssimo. Suplicamos a ti, que faças banir essa doença devastadora, que tem causado milhares de mortes.

Ó Santa Rita, roga a Deus Onipotente, nosso Criador, que derrame a cura sobre os doentes, nos leitos dos hospitais, livre nossas famílias da morte e proteja todos os profissionais de saúde.

De coração contrito te imploramos, certos de que alcançaremos nosso pedido. Enfim, conduze a Deus Pai nossas súplicas pelo fim desta pandemia, dizendo a Cristo Ressuscitado que nos serviremos dessa graça para melhorar nossa vida e nossas atitudes, em repúdio ao recado mortal.

Assim esperamos e desejamos, conforme a vontade divina. Amém!

ORAÇÃO A SÃO SEBASTIÃO

Glorioso mártir São Sebastião, protetor contra as doenças contagiosas, soldado de Jesus Cristo e exemplo de fiel cristão, queremos pedir tua intercessão diante do trono do Altíssimo, nosso Senhor Jesus Cristo, por quem ofereceste tua vida.

Tu, que viveste a fé e a perseverança, pede a Jesus por nós, para que sejamos herdeiros do amor de Deus. Tu, que acreditaste com segurança nas palavras de Cristo, pede a Ele por nossas famílias, atormentadas pelo coronavírus, para que aumente nossa esperança na ressurreição. Viveste a caridade pelos irmãos, por isso, suplica a Jesus para que cresça nosso amor para com todos sofredores dessa pandemia.

Enfim, vitorioso mártir, São Sebastião, protege-nos contra a peste, a fome, a guerra e o desemprego; defende nossas plantações, para que não faltem alimentos em nossa mesa. E socorre-nos do pecado mortal, o maior de todos os males. Amém!

ORAÇÃO A SÃO ROQUE

São Roque, protetor contra as pandemias e padroeiro dos cirurgiões, tu não consideraste o perigo do contágio da peste, dedicando-se de corpo e alma a cuidar dos enfermos. E Cristo permitiu que contraísse a doença para colocar em prova tua fé e tua confiança na vontade do Pai.

Na solidão de tua cabana, naquele bosque abandonado, foste alimentado e curado por um cão, milagrosamente; por isso, pedimos a ti, protetor contra as pestes, livra-nos do contágio do coronavírus, protege nossos alimentos, a água e o ar da contaminação desse vírus.

Que eu permaneça saudável, na promessa de rezar pelos enfermos nos hospitais, e que os médicos trabalhem com zelo para aliviar as dores dos afligidos pelo coronavírus, repetindo teu exemplo de caridade com nossos irmãos sofredores.

São Roque, intercede pelos profissionais de saúde; concede força e ânimo aos enfermeiros e atendentes dos hospitais, para auxiliar os adoecidos; e defende as pessoas saudáveis do contágio de coronavírus. Amém!